꽃도
슬플 때가 있다

박돈녀 시집

채운재 시선 152

꽃도
슬플 때가 있다

박돈녀 시집

꽃의 언어로 노래하는 시집!

가만히 들여다보니 글썽한 눈물짓고 있네
꽃이라고 웃기만 하겠는가
숨겨진 그 서러움 아무도 모르네

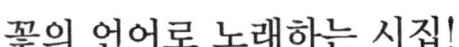

시인의 말

* * * * *

한 생을 허둥대다 짧은 듯 지나온 날
등나무 꽃 타래처럼 줄줄이 엮어진
내 안에 웅크린 유년의 기억들

치매로 고생하던 어머니를 보낸
절절한 어머니의 그리움
웃지만 운 날이 많았던 일상들

암탉이 알을 품듯 고이 품어온
내 시어들 이제 알을 깨고
수줍게 세상 밖에 내어놓는다.

여기까지 오는 동안
글쓰기에 많은 도움을 주신 최병헌 선생님
줄기차게 책을 보내준 국어 선생 우리 아들
잘 쓴다고 늘 용기를 준 딸과 남편
독서회 문우들 모두에게 고맙고 감사합니다.

쏟아지는 햇살에 내어놓는 내 시어들
연약하지만 서정의 고운 꽃송이
내 노정의 길 위에 무리 지어 피우리.

2022년 낙엽 지는 가을에

 차례

4 시인의 말

1부 고향집

12 잡초
13 산골의 봄
14 인제 뗏목 아리랑 · 1
16 뻐꾹새
17 봄비
18 빈집
20 노을
22 보현사
24 바람 · 1
25 맥우(麥雨)
26 만추(晩秋)
27 남한산성
28 가을 · 1
29 홍시 · 1
30 폭포
31 가을 · 2
32 고향 집
34 산사로 가는 길
36 백담사
37 옆 지기

2부 조팝나무꽃

- 40 조팝나무꽃
- 41 효자 감나무
- 42 호박꽃
- 43 엄나무
- 44 석류
- 45 도라지꽃
- 46 나리꽃
- 47 달맞이꽃
- 48 꽃도 슬플 때가 있다
- 49 할미꽃
- 50 생일날
- 51 낙화
- 52 사랑
- 53 나의 시 밭
- 54 5월
- 55 명함·1
- 56 존재의 이유
- 57 술의 연가
- 58 탈

 차례

3부 결혼기념일

- 60 훈장
- 61 큰댁
- 62 치매
- 63 장독대
- 64 유년의 뜰
- 66 어머니의 초상
- 68 어머니
- 69 안부
- 70 아버지
- 71 부부라는 이름으로
- 72 별
- 73 병동 간호사
- 74 무상(無想)
- 75 뭇국
- 76 맷돌
- 77 남편
- 78 그곳을 아시나요
- 79 결혼기념일
- 80 유년의 기억
- 82 어느 재혼부부

4부 동짓달

- 84 정월 대보름
- 85 하지(夏至)
- 86 팔월의 끝자락
- 87 태풍
- 88 추석(秋夕)
- 89 처서(處暑)
- 90 장마
- 92 입추(立秋)
- 93 우수(雨水)
- 94 섣달그믐
- 95 동짓달
- 96 봄은 오는데
- 97 봄날
- 98 봄 길
- 99 봄
- 100 둥지
- 101 봄 눈
- 102 만가(挽歌)
- 103 현충일
- 104 방황

 차례

5부 모란시장

- 108 풍장·1
- 109 통한의 세월
- 110 잔인한 사월
- 112 장날 버스
- 114 이명(耳鳴)
- 115 육자배기
- 116 X레이
- 117 신발
- 118 세상살이
- 119 꿈
- 120 무소식
- 122 농심(農心)
- 124 병동 25시
- 125 돋보기
- 126 겨울 바닷가에서
- 128 모란시장
- 130 덤
- 131 다듬이 소리
- 132 2012년의 겨울
- 134 종착역

1부
고향집

화전 밭 묵정밭에 쑥부쟁이 피었네
솔 향기 번져오는 범골 골짜기
화전민 모여 살던 정든 이웃들
산산이 헤어져 어디로 갔는지
자욱이 묻어나는 지난 세월
망초꽃 우거진 빈 학교터
인적 드문 풀 섶엔 산딸기 외롭다

잡초

요것들 좀 봐
밭에서 다 뽑은 줄 알았더니
화분 속에 숨어 꽃까지 피웠네

어쩜 저 닮은꼴 찾아 숨었을까
화초를 밀어내고 주인인 양
버티고 있네

웅크린 기억들 머리를 드네
나도 한때 사연도 많은 셋방살이
눈치로 사는 법 아이들 가르쳤지

순간 뽑으려 든 손 내려놓는다.
그래 너도
꽃 한 송이 피워
모진 삶 이겨낸 존재의 이유를
할 말 있다 해 보렴.

산골의 봄

봄비는 먼 산 잔설을 녹이고
산주름 사이로 파릇한
숨소리 들린다

내 안에 활짝 핀
산 동백 가지에 뭇 새가 운다

목청 돋운 개울 물소리
갯버들 볼 붉어지고
두엄 냄새 온통 논밭에 질펀하다

농심은 철 일은 논밭 서성이며
논바닥처럼 갈라진
팍팍한 가슴 틈새로 가득
봄비를 채운다

누렁이는 널브러진 햇살에
갓 난 새끼 끼고 누워
봄꿈을 꾼다.

인제 뗏목 아리랑 · 1

작은 바람에도 흔들리는 아버지
합강에 앉아 낚시하신다
풀어놓은 보따리 속엔
빛바랜 뗏꾼 시절의 한때가 노을에 젖는다

그 시절
목숨 줄 걸어놓고 떠나는 길
폭풍처럼 치솟는 물길 헤치고
포아리신연강을 지나갈 때면
저승길이 보인다고 눈물이 고인다

주막거리 주모의 시원한 막걸리 한 잔
세상 걱정 근심 다 풀어진다고
"십 년에 강산이 변한다더니 소양강이 변할 줄 뉘 알았나"
아리아리 스리스리 아라리요 아리아리 고개로 넘어가네"

혼자 남아 부르는 뗏목 아리랑
내린천을 휘돌아 허공에 부서진다

드리워진 낚싯대 위로 서럽던 세월이 흐르고
먼저 간 떼꾼들 목도소리
합강에 윤슬로 떠 있다.

뻐꾹새

아직도 어미를 못 찾았나보다
내 가는 곳마다
저리 슬피 우는 걸 보면

젖 떨어진 아이처럼
나도 어머니를 보내고
많은 날을 울었지

산다는 것이 그렇게 하나씩
잃어 가는 일이다

한 생 머물던 자리마다
흔적만 남기고 가는

채워지지 않는
빈 항아리 하나 서 있다.

봄비

비는 조용히 내려
침묵의 땅을 흔들어 깨운다

아 ~세상이 열린다

아버지는 논을 갈며 봄을 건져 올리고

그믐밤 무논에 개구리 울음소리
어둠 속 잉태를 꿈꾸고 있나 보다

논둑길 넘어 봇도랑 물소리
또 얼마나 많은 생명을
키워내려나

매화꽃 가지에 봄이 여물고
아기 유두 같이 부은 꽃망울
튀밥처럼 터져 나올
봄 봄 봄.

빈집

모두 떠난 외갓집 마루 밑
쪼그라든 고무신 한 짝
할머니 배 주름처럼 삭아 실금도 많다

뒤란 자두나무 밑에 사기 오강
사금파리로 남아 달빛에 푸르다

어미 떨어져 와 밤새 울던 강아지 집
우웅~바람만 울고

장식 떨어진 부엌문 삐걱 일 때면
할아버지 술주정 소리 간간이 들린다.

잡초만 무성한 댓돌 밑 민들레꽃
쏟아진 햇살을 이고 앉아 빈집을 지킨다

오랜 통증으로 주저앉은 대들보엔
상량 때 달아놓은 실타래 북어가
눈을 부릅뜬 체
목 놓은 바람 소리만 듣고 있다

헐거웠던 삶의 흔적이 먼지처럼 쌓이고
주인 잃은 사물마다 익어가는 세월

떠난 이들은 어떤 빛깔의 꿈을
가지고 떠났을까

마당가 늙은 살구나무는
그리움만 길게 늘어뜨리고
하얗게 튀밥처럼 꽃을 피웠다.

노을

줄기차게 울어대든 풀벌레들
뿔뿔이 흩어지고
낙엽만 발밑에서 아프게 부서지는
적막한 계절

나는 지금 어디쯤 서 있기에
저리도 절절한 노을은
나를 붉게 물들이는가

갈잎처럼 서걱이는 목마름은
무엇으로도 채울 수 없어
신음 소리 짙어지는 밤

만추의 바람은
무슨 할 말이 남았기에
가던 길 멈추고 돌아와
내 창을 흔드는가

다홍빛 곱던 내 젊음은
어디다 잃고 와서
덩그러니 그림자만 데리고
나 여기 서 있는가.

보현사*

새벽 산책길 희뿌연 안개 속
어둠을 밀치고 다가선 보현사
정적을 깨고 뻐꾸기 운다.

스님 떠난 빈 절엔 풍경소리만 스산한데
뜰에 핀 모란꽃
그렁그렁 눈물이 고여있다

흰 눈썹이 무척 길었던 스님
절만 남겨놓고 입적한 지 어언 이십 년
등나무 꽃향기 법당에 가득한데
언제나 홀로 계신 부처님이 외롭다
언제 누가 왔었나 등이 하나 걸려있네

세월을 딛고 다닌 고무신 자국마다
스님 모습 어려 있다

---

* 보현사: 인제읍 남북리 갯골에 있는 절

아미산 골짜기엔
허 허 허
호탕한 스님의 웃음소리
온 산을 뒤덮어
놀란 뻐꾸기
푸드득 날아간다.

바람 · 1

휘청거리는 바람은
진달래꽃 속에서 놀다
온갖 꽃들을 어루만지며
먼 먼 곳을 휘돌아
툇마루에서도 불었다

모진 비바람 치러낸
표정 잃은 바위처럼
어머니는 풍지처럼 울었다

새끼들 잠든 밤
마음 한 자락 끄지 못한
지등 밝혀두고
콩 고르는 어머니

바람은 여전히 삐걱 이는
낡은 사립문 밖에서 맴돈다.

맥우(麥雨)

꾀꼬리 숨어드는 누릇한 보리밭
이랑마다 허기진 휘파람 소리
여우비 지나간 뒤 베일 벗고 나온 하늘
아무 일도 없었듯 한가롭다

피사리하던 아버지 바짓가랑이 걷어 올리며
"족대 가져오니라" 소리치신다

흙탕물에서 건져 올린 생의 몸부림
조무래기 아이들 떠들썩한 들판
매운탕에 뜯어 넣은 어머니 수제비
보릿고개 한나절 배가 부르다.

만추(晩秋)

오일장 끝난 장마당
차일을 걷는 장사꾼들
숱한 흥정의 부스러기가 여기저기 널려있다
승자도 패자도 없는 하루가
서산마루에 걸려있다
막걸리 한 사발 생각이 절로 나는 시간

돼지국밥 아줌마 때절은 행주치마
"여기들 모이랑께요"
걸쭉한 인심에 반 배가 찼다

짐차는 낙엽 같은 피곤을 싣고
한 잎 두 잎 집으로 돌아간다.

남한산성

떡갈나무 숲을 지나
숨 가쁘게 오른 산
아름아름 흩뿌려진 그 날의 잔영들
폭풍보다 더 무서운
가난한 백성의 뼈아픔

마지막 삶의 고샅을
굽은 허리로 지켰을 흰옷들

얼마나 많은 넋두리를 하였을까
세월 지켜온 수어장대 굽은 노송
전설을 묻어둔 채
툭툭 생의 껍질을 벗는다.

가을 · 1

귀뚜라미 알 수 없는 방언
내 불면의 밤을 부추긴다

만삭의 박은 달빛에 알몸을 들킨 것이 부끄러워
자꾸 호박잎 속으로 숨어든다

봉당에 널어놓은 고추에
별들이 내려와 몸을 부비고
손자 낳으면 금줄에 달 거라고
제일 큰 것 고르는
할머니 손 환하다.

홍시 · 1

가을이 마당 깊숙이 들어앉았다
묶어놓은 콩 단에서
톡. 톡 콩 튀는 소리
콩알 굴러간다

널어놓은 들깨에 모여 앉은 참새 떼
쪼글쪼글 말라가는 무말랭이
언제 내려가게 되느냐고
지붕 위에 박들이 부산하다

곡식 거둔 들판 허수아비
멍하니 마을을 바라보네
감나무에 홍시는
오래 앓는 어머니 떠먹여 드리면
"에미야 너도 한 번씩 떠먹어라"
하시던 찡한 그리움.

폭포

"세상사 올려다보곤 못 산다
내려다보고 살아야지"
떡 먹듯이 이르시던 아버지
땅만 보고 사셨다
해마다
거름더미에서 꿈을 퍼내며
사는 일이
가뭄의 논바닥이었다가
범람한 강물이었다가
종잡을 수 없는 길을
아래로 아래로만
뛰어내린 아버지의
오래된 기침 소리는
이른 새벽을 깨운다.

가을 · 2

영악해진 참새 떼
속수무책 허수아비 뺨치고 날아간다
어디론가 갔다 떼로 몰고 와
들깨밭에 앉아 조잘댄다.
"워이 저놈 새 새끼들 좀 보소 들깨밭이 저들 집인 갑네"

아따 할매 속 단풍들것다.

고향 집

섶다리 건너 구불대는 산골길
외할머니 산소에 무리 진 할미꽃
꽃술 하나 가득 웃음이 인다

몇 구비 산모퉁이 돌아 나오면
멀리 논배미마다 고개 숙인 벼
붉은 노을에 홍안 된 허수아비

생솔가지 지피는 고향 집 굴뚝
화로 숯불 가득 달래장 내음
가마솥 보리밥 뜸 드는 냄새
묵은김치 장아찌 시래기나물
두리반 가득 차려 놓고서
싸리문 기대어 기다리는 어머니

하나둘 모여 앉은 허기진 배들
목젖이 보이도록 벌어진 입엔
들기름 넣고 비빈 보리밥

눈물 나게 정겨운
내 고향 집.

산사로 가는 길

산새 소리 청량한 새벽길
경건히 들리는 독경 소리
휘돌아 흐르는 수심 천도
숙연합니다

암울하고 참담했던 세월
용광로 불길 같은 기백으로
민족을 위해 생애를 던진
애국의 선구자
만해 선사

유심정신唯心精神 으로
고개 숙인 흰옷들의
아픔까지도 사랑한 님
슬픔을 희망으로
바꾸어놓은
하나의 큰 별

장삼 자락 스치며 거닐던 백담 길
풍상을 겪어 낸 노송들의 푸르름은
선각의 그 길을
등불인양 밝힙니다

아!
님은 없어도
님의 침묵은 범종처럼
오래오래 우리 가슴을 울립니다.

* 만해축전(헌시)

백담사

수심교 아래 흐르는 물
오랜 세월 들어온
불경 소리에
모난 돌들이 둥그러졌다

돌들도 반 부처가 되었다

누군가 모난 사람 와
돌탑을 쌓고 있다

그도 둥근 돌을 닮고 싶은가

옆 지기

친구에게서 문자가 왔다
"너 옆 지기랑 같이 있냐?"
고개 돌려 바라보니
신문을 보고 있다

세월이 머물다 간 자리마다
심연에 노을이 흐른다

애써 끌고 온 묵은 시간들
서로를 지키는 무언의 눈길

같이 세월을 세고 있는
주름 뿐인 갈퀴손 움켜잡고
서로를 지켜야할 이름
옆 지기.

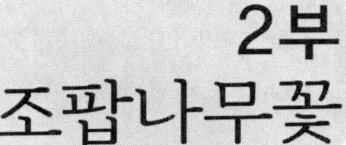

2부
조팝나무꽃

산은 언제나 묵묵히
붉게 타오른다

엎드려 핀
이름 모를 작은 꽃
그도 질세라
색옷 입었다

산은 어머니 품속
오는 이 마다
풀어놓은 사연 많아

이놈 저놈 다독이다
산은 붉게 붉게
신열로 달아오른다

조팝나무꽃

나는 싸리나무꽃이라 하고
어머니는 이팝나무꽃이라 했다

하얗게 풀어놓은 꽃잎을 보고
입쌀밥 같다며
떠나온 고샅을 휘돌아온다

저녁으로 쑤어놓은 아욱국 죽은
식솔들 다 퍼주고 빈 솥만 긁었다는
가난의 노래는
소라 고동처럼 귀 막아도 들린다.

효자 감나무

이사 오며 파 옮긴 감나무
어느새 커서 꽃을 피워

어머니 창문을 들여다보며
봄이예요

진초록 잎 보여주며
여름이예요

비 오면 온몸을 적셔
비가 오고 있어요

창문을 기웃거리며
정신줄 놓은 어머니 깨우는 일
힘겹게 끌고 가는 무료한 일상을 달래고 있다

바람 부는 날이면 몸을 흔들며
세상사는 일 다 그런 거라며
딸보다 나은 감나무는
넓게, 넓게
그늘을 지우고 있다.

호박꽃

분주히 날아드는
생명의 날갯짓
다 받아 안는 어머니 강

세상사는 일 잘 익히라
오늘도 출렁인다.

마디마디 열린 아픈 손가락들
이놈 저놈 짚어주며
야물게 여물기를
심지 돋워 불 밝히는

늘, 명치끝이 아린
어머니 꽃.

엄나무

귀신을 막는다고 심어놓은 나무
이제는 지킬 것이 없다고
하늘길을 내고 위로만 오르다
지켜야 할 경계가 있듯
허리가 잘렸다

오르던 길 다 지우고
옆으로 길을 내고 돌아가고 있다

장수 인양 가시로 무장하고
수십 년 지켜온 자리
대문과 나란히 서 있다

잘린 나무는 백숙과 함께
끓고 있다.

석류

누가 그 어둠 속에
그리움을 가두었을까

신열로 앓아눕던 오랜 기다림
뒤척이는 어둠의 심연
이젠
피안의 햇살 아래
꾹 다문 입술 열어

선혈처럼 홍보석으로 터져 나올
그리움
알알이 쏟아놓으리.

도라지꽃

젖몸살 날것처럼 부푼 꽃망울

바람 부는 밭머리에서
어머니 숨결이 배어나온다

삶의 마디를 포기한 듯
고랑에 엎드린 어머니 호미

햇살 풀어진 밭둑에 서면
어머니 서성이던 흔적마다
그리움에 목이 메인다.

별처럼 무리 진 도라지꽃
바람에 출렁이며
화들짝 꽃망울 터진다

나리꽃

외할머니에게
유산처럼 물려받은 얼굴에 주근깨
어머니도 내게도 딸에게도

딸애가 나를 원망 할 때면
화단에 피어있는 나리꽃을 보라며

주근깨 다문다문 곱기만 하다고
저리 고운 꽃에도 박혀있다며
삼대가 모여 앉아 위로를 한다

딸에는 다시 거울을 본다

달맞이꽃

이슬 젖은 홑적삼
사립문 기대여 기다림에
애태운 어머니 일상들
바래진 귀밑머리 삶의 조각들

이젠 가버린 애틋한 그리움
온종일 뻐꾸기 우는 날엔
어머니 더 보고 싶소

달빛 내려앉은 들판에
무리 지어 핀 저 꽃은
어머니의 묵언인가요.

꽃도 슬플 때가 있다

활짝 핀 호접 난
화려한 자태 뽐내며
가득한 웃음

가만히 들여다보니
글썽한 눈물짓고 있네.
꽃이라고 웃기만 하겠는가.
숨겨진 그 서러움 아무도 모르네.

어머니도 그랬었지
버겁던 세상살이 살아내는 일
다듬고 꿰매는 숨죽인 아픔

늘 울면서 웃었던 속내
아무도 몰랐네.

할미꽃

그 많은 산소 중에
할아버지 봉분에만
할미꽃 탐스럽게 피었다

살아생전 올올이 맺힌
그늘 속에
할머니 한 남기시고

뭐 더 썩힐 속 있다고
저세상 가셔서도
꽃 속에 사시는가

할머니 타다 남은 속
알뜰히도 다 태운다.

생일날

케이크에 불을 붙이고
축하 노래 부르며 촛불을 끈다.

그득히 꽂인 촛불은 내 협곡의
길을 따라와
곰삭은 치마폭에 안긴다

초승달 잠긴 개울물 얼어붙고
허기 중에 날 낳으시고 눈물 적신 날
햇살도 어질병처럼 부서져 내렸다 했다

흐드러진 음식상 앞에 놓고
바라만 보는 병색 짙은 어머니
고샅길 에돌던 애틋한 기억은
섣달 초엿새
긴 겨울밤을 하얗게 세운다.

낙화

우울증에 시달리던 여인
아기를 보듬고
아파트에서 뛰어내렸다
뚝뚝
목 놓은 목련꽃 위에
창백한 여인

부대끼던 폐허의 시간들
하얗게 지우고
나목으로 누웠다

내걸린 조등(弔燈) 위로
눈물 같은 꽃잎이
소리 없이 지고 있다.

사랑

침침한 월세방
헤진 옷 꿰매 윗목에 개켜놓고
밤이면 화롯불에 서캐 털던 한겨울

문풍지 울리며 비집고 들어온 바람
떠다 놓은 물 대접 얼어붙은 방
다 삶은 화롯불 끼고 앉아
소녀 시절
파월 장병과 펜팔 하던 이야기에
흘깃 본 그의 이마 붉어진 핏줄
그것이 사랑임을 나는 알았네.

나의 시 밭

내 시 팔 할이 어머니 밑거름이었다.
서러움 그리움 가난의 눈물로 썩힌
거름
한때는 옥토였던 내 시 밭

어머니 떠나신 뒤 잡초만 무성한 묵밭에
서러운 망초꽃만 만발하다

한그루 남아 있는 뽕나무에 뻐꾹새 운다.
가셔서도 내 밭이 걱정되셨나
오늘도 뻐꾸기 한 마리
내 시 밭에 날아와 운다.

5월

미루나무 홀씨 눈처럼 날리는 날
짙푸른 마늘밭 김을 매다

"아이구. 오늘이 스승의 날이네
객지 나가 선생 노릇 하는 아들
편지라도 보내줘야겠다"

호미 쥐어 굵어진 손. 경련을 일으키며
컴퓨터 자판 두드린다
돋보기 쓰고도 찌그린 눈

"아 야! 선상 똥은 개도 안 먹는다는 디
워떠냐 헐만 한 겨?
수고 많다 야 속상한 일이 많 제 그러니 워쩌냐
참고 속으로 다스려야 제 속상 헐 땐
네 울타리 속에 늙어가는 에미 애비 생각하고
아덜 잘 갈켜라 이! 그놈들도
이담에 알 끼다 권선생 은공을
암암
알고말고…

명함 · 1

한때 빛났던 어느 집 문패였으리
줄줄이 박혀있는 훈장 같은 경력들
바람에 날려 발밑에 뒹군다
이젠 제 할 일 끝났다는 듯
이집 저집 문전을 기웃거린다.
쏟아지는 눈바람에
방향 없이 떠도는 한 사람이
눈 속에 묻힌다.

존재의 이유

"아빠 취미가 뭐예요
심심하지 않으세요"
아이들이 묻는다
"난 네 엄마만 있으면 된다"

피어오르는 실안개처럼.
목구멍이 싸하다
존재의 이유가 되는 건가

튕겨지지 않는 가야금 음률처럼
늘 모자람이 많아
그 속에 뜰에 집혔던 모닥불

수장된 울림의 징소리
너무 멀리 와서 알았네.

술의 연가

억눌렸던 언어들 탈출이다

눅눅한 내 안뜰에 훈풍 불어오고
흉터처럼 남았던 오랜 절망들이
평정의 꽃들로 피어나
묻지도 않은 답이 쏟아져 나온다

눌러 논 감정 덩어리들
민들레 홀씨처럼 가볍게 날아가고

우주 어디쯤에선가
흩어졌던 그리움들
제 자리 찾아오는 시간

비워진 술병 속에서 별이 쏟아진다
나는 별 밭에 누워
별 꿈을 꾼다.

탈

겨울나무를 보라

다 벗고 서서도
부끄러울 것 없다고
하늘 향해 팔 벌린
저 청렴

여의도 넓은 집엔
천도의 불을 밝히고
누구를 위해 싸우는지
충혈된 눈빛의 사람들

저 숲속 그들은
작은 개똥 불빛이라도
헐벗은 이 찾아
비추는 이 있을까

벗었던 탈 다시 쓰고 나온다
그들.

3부
결혼기념일

명약도 없는 불치의 속병으로
온밤을 지세다
신열로 깊어진 그림자 데리고
무서리 내린 들판에 서서
가슴을 헹군다

우물 속 반달 눈감아 맴돌아
이무기처럼 서럽게 울던 밤
집착으로 얻은 고통의 굴레

안으로만 삭히는 혼자만의 그리움
가슴을 진동하며 울려 나는 그에 목소리
처연한 슬픔은 안개 되어 내린다.

훈장

어머니한테선 늘 쑥뜸 냄새가 난다

툭툭 불거진 손을 들고 병원을 가셨다
캄캄한 의사의 선고를 받고 돌아오신 뒤
묵묵히 뜸을 뜨신다

세상 머물던 동안 중독처럼 살아낸 삶
훈장으로 받은 건 헐거워진 삭신
남루한 세월의 언덕을 넘는다

춤추는 뼈들을 잠재우기 위해
오늘도 어머니는 뜸을 뜨신다.

큰댁

새집 짓고 사는 게 소원인 우리 맏동서
지붕이 낮아서 이마 부딪는
부모님 그늘이던 오래된 집

새집을 짓겠다고
벼르고 벼른 지 몇 해
그 속은 올해도 봉숭아 씨처럼
뒤집어졌다

사연도 많은 새집의 꿈은
금 간 담벼락처럼 무너져버렸다.

여든이 넘도록 못 놓는 호밋자루
꿈만 꾸며 사는 늙은 부부.

치매

텃밭 서성이던 어머니 고무신
툇마루 밑 응달 속에
거미집이 되었네

놓아버린 일상
어머니는 죄인처럼 삭발하고
나는 교도관처럼
지키고 있네

어릴 적 젖 물고
더듬던 따뜻한 가슴
지금은 말라버린 우물처럼
허전한데

바라지게 핀 도라지꽃
밭둑에서 기다리는
몽당호미
언제 문턱을 나서려나
어머니.

장독대

반들대든 어머니 장독은
변해버린 세월에 떠밀려 주눅 들어서 있다
항아리 속에선 세월이 익어가고
독에 빠진 낮달은
어머니 얼굴처럼 슬프다

뇌경색으로 잃어버린 기억들
온종일 장독대를 맴돈다
싸매고 동여맺던 질곡의 세월
숙명이라 여겼던 어머니의 삶
애욕도 집착도 다 내려놓은 빈 가슴
하얗게 삭아가는 하루를 안는다

봄볕 쬐어 곰 삶은 달래장
보리밥에 비벼 먹으면 맛있다 하시던
잃어버린 어머니 입맛
오늘도 장독대를 서성인다.

유년의 뜰

동생을 업고 범골로
땔 나무 간 엄니 마중 간다.
어둑발 내린 길가엔 쑥부쟁이도 누웠다

귀신 나온다는 곳집을 지날 때면
갈잎 같은 긴장이 등줄기에 흐르고
뛰는 새가슴 누르며 내 달린다

적막한 빈 하늘엔
하나둘 별이 뜨고
조잘대며 흐르는
개울 물소리도 들리지 않는다.

찔레 넝쿨 속에서
찌렁찌렁 밤새가 운다
멀리 어름어름, 까치둥지처럼.
나뭇단 이고 오는 엄니가 보인다
달려가 치마폭에 싸여 마구 울었다

나뭇단에 묻어온 산 내음
박꽃처럼 환하게 웃는 엄니
등이 따뜻해진다.

어머니의 초상

개망초꽃
흐드러진 묵밭을 지나
뽕나무 우거진 콩밭을 가면

울 엄니 누에 치던 잠실(蠶室)이 있다
누에 한 밥 받아 뽕 먹는 소리
양철 지붕 위 비 오듯

뜬눈으로 지새운 사나흘 밤
누에는 生을 끌고 집을 지으면
고치는 유월 찔레꽃처럼 열린다

내일이면 누에 팔러 공판장 가는 날
등수 잘 받아야 할 텐데
돈 받으면 나가야 할 돈들

아버지 기다리며
서성이는 울 엄니
해마다 이맘때면 늘 슬프다

만고풍상 찌든 엄니
흑백 사진으로 남아
빛바랜 채 걸려있다.

어머니

전쟁 통지서처럼
들이닥친
치매

분주한 일상
밭고랑에 묻혀 살다
굴곡에 세월 다 잃어버리고
빙그레 웃기만 하신다

금간 흙담 무너지듯
아기가 되어버린 슬픈 사랑

고생만 끝 간데없는 애닳은 삶
다 내려놓고
휭 하니 떠나셨다
어머니.

안부

조칸겨!
나 외숙모여 어무이 좀 어떠신겨?
자주 전화도 못 항께 참말로 사람 노릇도 못하는겨
근디 외삼촌이 서울병원에 입원했어야
뭐 식도암 이랑가 뭐란가 첨 들어 본당께
참말로 요상타 그리 조불조불
운동도 겁나게 해 쌌더만 뭔 일이랑가 몰러
참말로 큰일 난 겨
논빼미 물은 누가 댈껴 또 소 새끼는 워쩌. 참말로 일난겨
아덜 헌텐 아직 야기 못했제 그것덜두 살기 힘든데 워쩌
조합 돈 좀 내야제 별수 있간 디
삼촌은 콱 죽어 뿌문 좋겠다 해싼다
그랴 내가 얼랬제이
개똥밭에 굴러두이 이승이 극락이여
암만말구 진찰이나 잘 받아 보랑께
그랴 우린 아적 개똥밭에 있어야
조찬 시런 소식 줘 참말로 미안 혀

하늘이 노랗다.

아버지

부엉이 울다 날아간 한겨울
장식 떨어진 부엌문 찬바람에 삐걱 이듯
마른 잔등에서 들리는 뼈들의 외마디

무너져가는 산
함박눈 맞고 앉은 개암취 꽃처럼
등이 시리다

평생 지고 살던 바소쿠리 지게
헛간 귀퉁이에 멀뚱히 서서
먼지만 뒤집어쓴 체
아버지 따라 늙는다

식솔들 배 채우려 지고 다닌 수만리 길
묵혀둔 가난의 이야기는
칙칙한 어둠 속에 덮여 전설로 묻힌다

삭은 기둥을 고쳐지고 앉아
자지러지는 기침 소리
아버지.

부부라는 이름으로

콩 껍질 씌워 진채
몇십 년 살다 보니
대순처럼 돋아나는 낯선 것 보인다

감시하려 만난 사람들처럼
양보 없는 팽팽한 줄다리기

몇 달 안 봐도 살만하다가도
산그늘 마을을 내려오면
맘 구석 찡 한 건
아직 남은 콩깍지 때문일까

부부라는 이름으로 흘러온 길
잿불 속에 묻어둔 불씨처럼 다독이며

식탁에 앉아 콩자반도 잘 집는
젓가락 한 쌍이 되어,
남은 콩깍지
영원히 벗겨지지 않기를…

별

하늘 저편 유난히 크게 반짝이는 별
새파랗게 빛난다

휠체어에 몸을 기댄 아버지가
저 별 좀 봐라 제일 가깝고 크게 보이지 않니?
그 별은 뭔가 할 말이 있어 보였지만
나는 그냥 그러네요.
했다

아버지는 아마 저 별은 먼저 간 어머니가
별로 떠 있다고 생각하신 것 같다

아버지 떠나신 뒤 여전히 빛나는 저 별
숲 넘어 먼 산 위에 한 쌍의 별 반짝인다.
어머니 아버지가 함께 오셨나?.

병동 간호사

형광등 불빛 아래 비친
막차 기다리는 검버섯의 얼굴들
사연도 많은 인연들
다독여 싸매고 동여매는
순례의 그 길

하루의 노역이 끝나면
일상을 밀치고 들어오는
나그네 같은 외로움

세상일 모서리에 마음을 다쳐도
거센 물길 이겨내는
봇도랑 물봉숭아처럼
용케도 잘 버텨온
아픈 손가락
내 딸.

무상(無想)

밤새 치매에 시달리다
왔던 길 돌아가려 봇짐 싸는 어머니

외손자 결혼 때 해드린
옥색 치마저고리
그리도 아끼시더니
저리 가져가시려
그랬나 보다

실낱같은 삶 서리서리 휘감아
꾹꾹 눌러 싸신다
쏟지 못한 숯덩이 어쩌시려고
저리 서둘러 짐 싸시는가

기다리는 이도 없는
억새꽃 만발한 외진 산길을
홀로 가실
내 어머니.

뭇국

시장통 들어서면 왕 순대집 앞
산더미처럼 쌓인 무
무장사 구멍 난 밀짚모자 곁으로
삐죽이 삐져나온 반백의 세월
막내 동생 임신할 때
시원하게 쇠고기뭇국
한 사발 먹었으면 좋겠다던
어머니 원 못 들어드려
눈 작은 동생을 낳았다고
막내 동생 볼 때마다
웃음이 나다가도
팔순의 어머니 볼라치면
가슴이 짠하다.

맷돌

할아버지 술주정도 집어넣고
가난의 서러움도.
아린 그리움도 집어넣고
부추꽃 같은 눈물
한 수저씩 떠 넣으며
할머니는 세월을 돌린다

힘겹게 갈려 나온 것들은
뿔뿔이 흩어져 제 갈 길 떠나고

맥 놓은 햇살 내려앉은 툇마루에
주름뿐인 손 어루만지며
허무의 세월을 일기장처럼 넘기는데

낮술에 취한
할아버지 방아타령 소리만
호롱불 끄름처럼 할머니 속 다 태운다.

남편

식탁에 마주 앉아 밥 먹는 남자
찌개가 짜면
"요즘 소금값이 싸졌나 봐"
"아니 안 싸졌어"
나를 바보로 만드는 남자

같이 앉아 TV 볼 때마다
리모콘 쟁탈전에 승리하는 남자

"사람은 시사에 밝아야돼"
찔찔 짜는 연속극이나 보는 사람은
뒤떨어진 인생이여"
나를 평생교육 하는 남자

어쩌다 술잔 기울일 때면
예쁜 사람 보다 못생겨도 아담하고
귀여운 사람이 좋다고
내 얼굴에 살구꽃 피우는 남자.

그곳을 아시나요

추적추적 가을비 내리는 날
한껏 늘어진 지렁이처럼
배 깔고 엎디어
골똘히
가서는 다시 못 오시는
어머니 나라를
생각한다

한참을
끌고 가던 생각들은
허공 어디쯤
나를 부려놓고 사라졌다

아버지도 가시더니
안 오시는 그곳

"너는 오면 안 돼"

손사래 치는
어머니 나라
그곳을 아시나요.

결혼기념일

기념일이라 외식을 한다
청자빛 고운 잔에 백세주 한잔 씩
술잔 부딪는 오랜만의 해후

묵은지처럼 묵혀둔 기억들
우르르 쏟아져 나온다
타작마당에서도 허기 들던 시절

참으로 미남이었던 당신
머리엔 서리 내려앉고
골 패인 입가의 주름이
마주한 내 가슴에 바윗덩이 하나 얹었다

새끼들 제 갈 길 떠나고
둥지엔 허허롭게 바람만 분다
당신은 내게 큰 산이었고
나는 조촐한 개울물이었을 뿐

이름표 달린 대문 앞에서
허허한 맘 달래려 꼭 잡은 손
춘삼월 열사흘 달이 시리게 떠 있다.

유년의 기억

아직 어둠이 지키고 있는 이른 새벽
어머니는 잠든 나를 깨워 소재골로
정성 드리러 가자 신다

반지름 하게 빗어 올린 어머니 쪽진 머리에
얹혀가는 제물 달그락거린다
어둠이 나를 잡아당긴다
졸졸 숨죽여 흐르는 물소리
나는 갑자기 무서웠다

촛불 켜고 올리는 기도는
불길 속에 휘감겨 하늘을 오른다
분명 역마살에 돌아오지 않는
아버지의 기다림

꾹꾹 눌러둔 울화병을 풀어내
터지도록 부풀은 슬픔이
용솟음치는 시간
어머니 눈가에 이슬이 맺힌다

멀리 뻐꾸기 우니
소재골 골짜기가 훤해진다
내려오는 길
어머니 뚫어진 검정 고무신
나는 갑자기 아버지가 미워졌다.

어느 재혼부부

팔순의 나이에
과녁에 꽂힌 화살처럼
수줍은 황혼의 만남
깊어질수록 출렁이며 흐르는 강

허전했던 뜰 안에 만발한 꽃잎
고독한 생에 마지막 유희
이 거대한 열애 앞에
결빙도 녹아내린다

순풍에 돛 달고 순탄한 출항
평정의 나래 펼치시길…

4부
동짓달

눈 내리는 밤

춤추듯 내리는 송이 눈

멀리까지 잘 가라 불 밝히는 가로등

소복이 장독 위에 정화수로 쌓이는 눈

외지 나간 자식 걱정 맴도는 발자국

숲속 멧새도 빨갛게 볼이 언 채

잠이 들었다

정월 대보름

귀 밝기술로 거나해진
춘삼이 아제는
한 해 농사로 조합 빚만 더 졌다고
쏟아놓는 안개 같은 한숨
고향을 떠나겠다며
서낭에 침을 뱉는다.

지신 밟는 꽹과리 소리에
맞물려 돌아가는 상무 놀이에
주저앉은 아픔을 춤추게 한다

기울면 차오르는 달을 보며
한해만 더 속아 보겠다고
무거운 맘 내려놓으며
서낭에 절하는
춘삼이 아제.

하지(夏至)

밭이랑마다 황량한 바람 소리
해는 아직 중천인데
허기 채워줄 감자포기 들추면
놓치지 않으려 꼭 잡은 손

사랑채 할아버지 잔기침처럼
옥수수는 긴 잎 바람에 뒤척이며
알알이 몸살을 앓는다

내 유년의 가난은
아린 감자꽃에 매달려
서럽게 울었다.

팔월의 끝자락

계곡마다 넘쳐나
들끓던 사람들
떠난 빈자리 휑하니 바람만 분다

함께 떠나지 못한
잔해들만
널브러져 있다
우울하게 서 있는 나무들
신음하는 계곡물에
두고 간 양심이 떠 있다

깔아놓은 웃음소리
자동차 시동 소리에 따라나서고

어둠의 시간 들이 숲을 잠재워
여름은 투쟁처럼 그렇게 지나고
숲은 조용히 물들어간다.

태풍

나무며 꽃이며 풀들은
머리채를 뒤흔드는
고문에 맥을 놓는다

황소들 떼 지어 달려오듯
내린천 황토물은 아우성치며 내달리고

도도한 몸짓 광란의 질주
밭고랑마다 널브러진 신음소리

그래, 바람도 어디 순응만 하겠는가.
그도 한과 분노 증오도 있으리.

추석(秋夕)

기름진 햅쌀밥
한술 떠 넣으니
어머니가 만월로 떠 있다

가난한 살림살이
빚어 놓은 송편 속은
아욱꽃 같은 어머니 눈물이었다

삐걱 이는 문 많은 집에서
근심처럼 피어오르던 굴뚝 연기
질경이 같은 삶 접고
만월로 떠 있다.

처서(處暑)

여름내
북새통을 이루며 들끓던 계곡
어지럽던 고기 굽는 냄새는
골 안길 휘돌아 내려가고
한바탕 웃음 넘쳐나든 다리 밑

덴 몸뚱이
문신처럼 얼룩진 돌들
서늘한 산그늘이 내려와
상처 하나하나 매만지며
가는 여름의 뒷모습을 배웅하고 있다.

장마

태풍이 휩쓸고 간 상흔
폭풍 속에서도 살아난 생명들
고추 따는 할머니 시름이 깊다

튼실한 놈들만 주렁주렁 달린 것이
장마 통에 하나둘 목을 놓는다
고랑마다 널브러진 시체들

"하느님이 노하신겨
분명 하느님이 화나신겨
강물이 넘쳐 논밭을 덮쳤으니
워메 워메 참말로 큰일 났당께
새끼 맹키로 품에 안듯 키워낸 놈들
다 물에 넣었으니 워쩔겨"

한숨만 가득한 밭둑에 주저앉아
먹장구름만 바라본다

"또 올랑게비여 참깨 꽃 다 떨궜으니
뭐가 달린당가
억지로 안 된다니께 하늘이 묵으라 해야 묵제".

입추(立秋)

소나기 쏟아지듯 쓰르라미 운다
서늘한 산그늘 내려오고
남풍 불어 여문 땀띠 숨죽인다.

무거운 몸 내려놓은 벼 이삭
허수아비 잠시 졸고 있으면
망보던 참새 떼 줄지어 날아들고
허수아비 괜한 몸짓

깔깔대며 잠자리 날고
들판은 한판 놀이판 벌어진다.

봇도랑 미꾸라지 떼 숨바꼭질
물봉숭아 간지럽다고
몸태질 한다.

우수(雨水)

겨우내 강물은
쩡쩡 소리 내 울더니
봇물 터지듯 함성 지르며
대처로 흘러간다

안개는 온 천지를 더듬다
나뭇가지 하나하나를
매만지며
하늘을 오른다

강둑에 누웠던 마른 풀 속
파릇한 숨소리
볼 붉어지는 버들강아지
통통하게 살 오르고

구름 틈새 비집고
얼굴 내민 한 줌 햇살
빨랫줄에 내걸린 겨울옷 아래
우수가 쪼그리고 앉아 웃고 있다.

섣달그믐

남은 한 장의 달력을 떼어 내니
후~우
민들레 홀씨처럼
세월이 날아간다

떠나는 한해의 마지막 선물인가
그리던 님인 듯
송이 눈이 내린다

걸터앉은 솔가지마다
환하게 등을 단다

장독소래기에
고봉으로 내려앉은 눈
맨살 나뭇가지 감싸 안은 눈처럼
나도 이웃에 따뜻한 사람이었는가

잠언은 침묵으로 다가와
내 심장을 흔든다.

동짓달

새들도 돌아오는 저문 날
귀에 익은 발자국소리 들리지 않는다

건넛방 할아버지 헛기침이 잦고
기다림에 지친 어머니는
겨울 강처럼 쩡쩡 소리 내 운다.

이러고는 못 산다고 도리질 치며
몇 번이고 고무신 눈 털어놓는 밤

문지방 넘나드는 풀 먹인 광목 치마
녹슨 문고리처럼 제자리 헛도는 삶
결혼한 날이라고 기다리는 어머니

역마살 낀 아버지는 돌아오지 않고
호롱불만 가물가물 졸고 있다.

봄은 오는데

겨울을 배웅하고 돌아온 봄볕이
적막한 숲을 흔들어 깨운다

얼음장 밑으로 흐르는 개울 물
묵언의 시간을 깨며 높아지는 음률
숲이 겨우내 품어 잠재운 것들이
실눈을 뜨다 놀라 깨는 우수의 정오

바람꽃 설쳐대는 묵정밭 뽕나무에
쫑긋거리는 주름진 멧새 한 마리
무슨 슬픔이 있어 낡은 목청 돋워
저리도 슬피 울까

산주름마다 길게 누운 잔설은
먼 길 언제 가려고
돌아누워 한숨만 짓는가.
봄은 오는데.

봄날

"참말로 가슴에 뭉게구름 인다야
쏴~
바람 타고 꽃눈 내리면
난 말이여 곰 돌 멩키로 곱디곱던 그때 말여 묵나물처럼 잘 싸매둔 열아홉 순정 그때가 슬그머니 생각나제 워낙 무섭던 아부지 땜시 손 한 번 버젓이 못 잡아보고 속으로만 냉가슴 그를 보고도 못 본 척 참말로 야속한 건 봄바람이었제 온 산 진달래 피고 바라지게 산 동백 무수히 피워대지만 꽃구경 한번 못가 보고 요 모양으로 늙었제 참말로 그때 심장에 벌건 불이 켜 었제 그 좋은 날 다가고 멍석 호박 멩키 펑펑 즘 허게 주저앉아 꽃눈만 맞고 있네 참말로 그래도 어찌어찌 그를 만나 같이 늙어가지만 그 때 설레던 맴 다 어디 가고 마주 보는 눈길이 그저 덤덤혀
이제 우리 봄날은 다 간 겨
암 암".

봄 길

아지랑이 봄 길 열면
먼지 풀풀 날리는 신작로를 건너
양지쪽 비탈밭에
나물 캐러 간다

꽃다지 냉이 달래
봄이 지천이다

얼굴 검다고
검정 박씨라 부르던
이웃집 할아버지 산소에도
제비꽃 까드득 웃고 있다

제비꽃 캐 가지고 돌아오는 길
검정박씨 할아버지
까맣게 탄 얼굴로
나무 짐 지고 따라오신다

지게에 꽂혀오는 산동백이 향기롭다.

봄

여울여울 흐르는 물소리
잠잠하던 새소리
청명 하늘 수놓고
누렇게 뜬 잔디밭엔
까치발로 내다보는
연두 빛 눈망울들

잠겼던 세상이 열린다
질펀하게 쏟아부은 햇살
누렁이 하품이 잦다

나도 내 안에 창을 열고
먼데 누이에게 편지를 보내야지
어머니 산소에 제비꽃 피었다고.

둥지

대학에 입학하여
짐 싸는 손자 놈

떠나 본 일 없었으니
가보면 그리울 거다

아침마다 깨우던
귀에 익은 잔소리도
눈물 나게 그리워질

된장찌개 끓이고 있는
따뜻한 집

봄 눈

파릇한 숨결 몰아쉬는 봄날

한 줌의 재로 귀향하는
고모를 보내고 돌아오는 길
앞질러 온 무당새가 앉아 운다

벌써 새가 되어 우리를
따라왔나
저리도 애절하게
울고 있는 걸 보면

다 내려놓고
거미줄 같은 인연도 거두어갔는데
무슨 못다 한 말 남았기에
이른 아침 마당 가득
봄눈으로 내렸나.

만가(挽歌)

올해 들어 큰물이 몇 번 나갔다

폐렴을 고치려고 큰 병원에 가서
몇 달을 고생하시다
숨진 채 돌아온 작은아버지

구십이 다 된 형님과 누님을 앞질러 갔다고
고모와 아버지는 눈꺼풀 내려앉은 눈에서
주먹 같은 눈물이 주체 못 하게 흐른다

사는 일이 한없이 무겁다가도
다 내려놓은 뒤 저리 가벼운 것을
오래 앓던 주머니 속에
꼭꼭 개켜진 지폐 몇 장
남겨두고 가셨네.

현충일

요란히 사이렌이 울려 퍼진다
영현들을 위한 묵념이다
그리움의 향내로 가득 찬 행사장

어젯밤 6.25 때 전사한 시숙 제사를 지냈다
모여든 형제들 절할 때마다
삶의 마디가 삐걱 인다.

정지된 스물넷의 청년에게
머리 허연 동생들이 절을 한다
제사 때만 보는 사진
애틋하다.

방황

날이 밝으면 눈을 맞으며
거리로 나가리라
체육관 운동장을 한 바퀴 돌아
하늘내린센터 공원
눈 쌓인 벤치의 눈을 털고 앉아
누군가 약속한 사람이 있는 것처럼
시계를 보며 한참 먹먹한 시간을 부려놓고

아직 눈물이 마르지 않은 어머니 산소로
몽유병 환자처럼 눈길을 헤치고 간다
풀도 돋지 않은 문턱에 서면
"우리 큰딸 왔냐" 하며
두고 간 아버지 안부를 물을 것이다

감기에 쿨럭이는 아버지를 감추고
나는 아무 일도 없는 것처럼
해설피 웃음을 지어야지

식지 않은 긴 호흡으로 누워
"손이 차다 뭘 했기에" 하며
손을 녹여주던 어머니가 있었는데
돌아보니 아무도 없다.

5부
모란시장

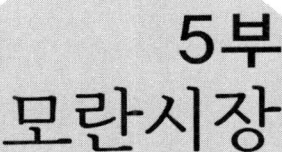

한 삽 푹 뜨니
화들짝 놀라 흩어지는 벌레들
깨트린 아버지 밥사발
삭은 고무신짝

오랜 어둠에 빗 금진 햇살
분주한 일상의 행렬
게으른 자의 꿈틀대는 선잠
노숙의 의미는 거기도 있었다

누군가 다져진 내 안의 묵정밭
한 삽 푹 떠
엎드린 어둠을 몰아내 준다면
놀라 흩어진 벌레들처럼
나도 지나온 길을
정신없이
되돌아가고 싶다

풍장 · 1

베란다에 참새 한 마리 죽어있다
늘어진 날개 눈보라 칠 때마다
책장을 넘기듯 뒤척인다

육신은 낱낱이 바람에 날아간다.
팍팍한 세상살이 고단했을 저 영혼
마지막 가는 길이 저리도 가벼운가

떠나지 못한 영혼
감나무 마른 가지에 앉아
제 모습을 내려다본다.

통한의 세월

칼날 같은 철책선 너머 황량한 벌판
정적이 감도는 죽음 깃든 숲속에
희망인 듯 때까치 날고
엎드려 핀 제비꽃
해 설피 웃는 유월의 한낮

끊어진 철길 멈추어선 철마
세월만 삭이며 녹슬어간다
끝이 보이지 않는 전쟁은 언제
평화의 씨앗을 뿌리려는가.
어린 초병의 시선 속에 정지해있다

누군가 말했다 <철마는 달리고 싶다고>
산화한 병사들의 원혼의 흐느낌인가
뒤척이며 우는 저 바람소리

앙칼진 발톱을 지뢰처럼 묻어놓고
통일을 노래하고 평화를 춤추자한다
이산의 아픔은 그리움을
쌓고 허물고 또 쌓기를 몇 번인가
통한의 세월은 목메어 흐르는데.

잔인한 사월
- 세월호 참사 2014. 4. 16.

고요가 떠밀리는 바다는
절망을 삼킨 체 먹빛이다

개구쟁이 허튼 웃음이
죽도록 보고 싶다
커가며 피우던 말썽도
이제 그것이 사랑이었음을
고백한다

한창 멋 부리고 싶은 나이
꼭 선생님이 되겠다고
해맑은 그 웃음 귓가에 쟁쟁한데
함께 떠났던 친구들 기다리는데
너는 어찌 못 오는가

바다여 이제 놓아다오
마지막 가는 내 새끼 품에라도 안아보게

지리 한 나날은 흐르고
차고 슬픈 저녁에
불러도 대답 없는 메아리만
안개처럼 내리는
팽목항.

장날 버스

구부러진 길을 펼쳐가며 오가는 시골 버스 속
산에서 캐다 말린 약초를 팔아
뽀그리 파머를 한 영구 어매는
혼자 돈 쓴 것이 미안해 영감 주려 홍시를 샀다며
터질세라 보듬는다.

영감 오래 앓은 해수병에 지쳤다며 약을 사 온다는
갯골 집 할매는 자글자글한 주름위에 그늘을 지운다

장가 못 간 아들 걱정에 한숨짓더니 베트남 며느리
보게 되었다며 "왔다메 나 야기 좀 들어보랑께!" 하며
한수 어매의 입에서 수많은 나비가 날아난다

방금 올라온 여학생들 ,
귀에 꽂은 이어폰 스마트폰의 손놀림
짧은 치마를 보고 골살을 찌푸리며
한마디 하려는 영구어매를 말린다

다시 돌아앉아 윗동네 범수처가 집을 나가
손자를 맡게 된 시어매가 안 됐다며 혀를 차다
깔깔 대며 웃다 마른기침을 콜록이는데

어느새 버스가 다 왔다는 소리에
차에서 내려 뜨끈한 국물이라도 마시고 가자며
막국수 집으로 들어간다.

이명(耳鳴)

빈 수레 유난히 덜컹대던 날
그의 귀에 매미 한 마리 터 잡고 산다더니
오늘은 내 귀에 북 치는 사내가 세 들었다
그들은 가끔 쉼표 하나 내걸고 방을 비울 때면
무섭도록 적막하다

귀뚜라미 북소리에 맞추어 화음 이룰 때면
최면술에 걸린 듯 아득하다
방파제를 허물며 밀려드는 불한당들

마침 푯말 나타나는 그 길까지
얼리고 달래며 함께 가야 할 동행

육자배기

순천댁은 오늘이 결혼기념일이라며
막걸리라도 마셔야 하는 것 아니냐고
횟감도 떠다 놓고
역마살 낀 남편을 기다린다
신호음만 길게 흐르는 핸드폰
지리 한 기다림의 시간
웅크린 서러운 감정 덩어리 고개를 쳐든다
혼자 들이마신 술이 온몸을 달궈 하늘을 난다
삐딱하게 서서 찍은 결혼사진 들여다보며
그때 진작 알아보았어야 했다며
때늦은 후회를 주절주절 풀어 놓는다
다독여 둔 두엄처럼 썩혀둔 상흔들
목구멍 가득 터질 듯한 울음
걸쭉하게 풀어놓는 육자배기 한 소절
떠나는 시간을 붙들고
칠십 평생 기다린 심연의 강을 건넌다.

X레이

먹빛 같던 어둠 환하다
구석구석 감추어진 비밀들
수십 년의 세월이 찍혀 나온다.

어물전 주인
싱싱한 놈, 물 안 좋은 놈
굴비를 갈라놓듯

갈빗살 드러낸 등짝에
합격 도장 찍는다.

신발

생일선물로 받은 신발
모처럼 모임에 나갔다가
누군가 신발을 바꾸어갔다

동물의 시체 같은
낡은 신발 하나
민망한 듯 웅크리고 있다

저리 뒤축이 다 닳도록
누군가의 삶의 무게
버텨왔을 신발
비정한 주인은 오늘도 소식이 없다

새 신발은 나와 인연이 없나보다
출퇴근길 언덕 힘겹게 오르던 내 헌 신발
아직 나와 갈 곳이 남았나보다
다시 꺼내
윤나도록 닦는다.

세상살이

돈 벌러간 애비가
만취한 몸을 이끌고 전봇대에 기대어
볼일을 본다
리어카에 한 짐 박스를 실은 노인이
힘겹게 언덕을 오르고 개들이
전봇대를 휘 돌아지나 간다
사내의 등짝엔 소금꽃이
지문처럼 피었다
주머니에 구겨진 지폐 한 장 만지작거리며
연신 중얼거린다.
"더러운 놈의 세상 퉤!"
안주도 없이 넘긴 분노가 취기로 오르고
뒷주머니에 꽂힌 신문지엔
익모초 생즙 같은 일상들이 어지럽다
돈 벌러간 아비를 기다리는
아이들의 초롱한 눈이
엎드린 어둠을 밝히고 있다.

꿈

그 사내는 복권방을 드나들며
복권을 사네
눈앞에 아롱대는 숫자의 요정들
몇 날을 고민 끝에 찍어 든 숫자
"숫자의 요정들아 깃발을 높이 들어라"
늙는 줄도 모르고 날짜만 세고 있네.
날은 밝아오고 꿈은 깨지고
다시 어둠이 밀려오네.

무소식

할아버지 장날 사 오신 황소는
얼마나 잘생기고 듬직한지
복덩이가 들어온 것 같다

할아버지 세상 떠나신 후
고모까지 청상과부 셋 있는 우리 집
제일 큰 어른 같다

호박꽃 환하게 핀 새벽녘
윗동네 겨릿소로 품팔이 갔다 와
화난 일 있었는지 여물도 먹지 않고
빈, 입만 연실 우물거린다

감자가 먹기 싫어 울고 앉은 내게
할아버지처럼 눈을 껌뻑이며 나를 달랜다

내 시집갈 무렵 치매 들린 할아버지처럼
엉덩이에 똥을 잔뜩 묻히고도
넙죽 엎드려 새김질만 하고 있다.

살아온 것이 허무한지
가끔 고개를 쳐들고 옴-머어 하고 운다
눈곱 낀 두 눈엔 눈물이 그렁하지만
여자만 있는 우리 집엔 늘 어른 같다

내 시집간 후 먼 친척한테 들었는데
빚 때문에 트럭에 실려 갔다는데
그 후 아무 소식도 듣지 못했다.

농심(農心)

고들빼기꽃에 날아드는 벌 나비

땅이 열 배를 주어도 모자라다고
농심은 늘 하소연이다

마음은 언제나 논둑을 서성이고
하얗게 흐드러진 감자꽃이
새벽을 밝힌다

욕망처럼 우뚝 선 옥수수들
이따금 긴 팔을 흔들며
텃밭을 지키는데

무논을 가득 메운 다 익은 벼들
아무 생각 없이 서 있다

잔뜩 비를 머금은 먹구름처럼
올해는 쌀값이 어찌될까
아무도 모를 암호로 남아

흐린 백열등 밑에서
돋보기 속으로 들어오는 농민신문
읽고 또 읽어도 유령 같은 암호는 풀리지 않네

농부의 시름이 출렁 포말을 일으킨 네
피워 문 담배 한 대로 옥죈 마음을 다독이며
굽은 등위에 한 짐 진 소 꼴 너풀너풀
흰나비 한 마리 따라오네.

병동 25시

엠블란스 요란하게
병원 응급실로 들어선다.
일그러진 환자들도 놀란 듯
잠시 아픔을 내려놓는다.

형광등 불빛 아래
창백한 얼굴들
젖줄인 양 수액 줄줄이 달고
전리품처럼 누워있다.
아버지도 한 무리가 되었다

모두가
덜어내는 생의 늪을 허우적거리며
빛과 절망의 순간을 법관의 판결을 기다리듯
모두는 기다려야 했다

어디선가 엠블란스 소리 점점 가까워 온다
또 어느 영혼 하나 깊은 강을 건너고 있나
무거운 침묵을 깨며.

돋보기

희미한 시야 속으로
서캐 같은 문자들 모여든다
화안하다
환하다
어느 별에서 떨어진 빛일까

선명한 문자들
두 개의 틈 사이로
문채 고운 문장들 또렷하다

그를 만나기 전 나는
허공의 입자들 더듬으며
청맹의 일상을 맴돌았다

노을빛을 빠져나가는
시간을 붙잡듯
귀밑머리에 걸고
오래오래 함께할
황혼의 동반.

겨울 바닷가에서

할 말 있다는 듯 손 저으며
달려오는 파도는
할 말을 잃었나.
모래 벌만 적셔두고
돌아선다.

간간이 날리던 눈발은
송이 눈이 되어 내리고
나는 허름한 포장집에 앉아
오드득 오드득
도루묵알을 씹으며
술 잔속에 떠도는
전설 같은 그리움들
알알이 뒤적인다.

고깃배 기다리는 갈매기들
시린 발등 위에 싸륵싸륵
눈발은 쌓이고
커피를 들고 온 주인의
비린내에 절여진 앞치마에
삭정이 같은 세월이 흐른다

내 말 들어보고 가라고
손 흔들며 달려오는 파도 소리
진정 서러운 그의 할 말 듣지 못한 체
허전한 길 위에 그리움만 부려놓고
나는 떠났다.

모란시장

잉걸불처럼 달아오른 한여름
사람 내 뒤 범벅인 시장 골목
와글거리는 팽팽한 흥정

좌판에 놓인 기차표 검정 고무신에
어머니가 아른거린다.
오랜만에 보는 옛것들이
쓸쓸히 서 있는 고목처럼
세월이 녹아내리고

가두어진 채
짖어대던 생의 몸부림은
지친 삶 다 내려놓고 걸려있다

침 고이게 하는 녹두 부침
돌아가는 맷돌 속에서
심연의 삶이 갈려 나와
달궈진 솥뚜껑 위에 널브러져
아픈 소리를 낸다

오랜만에 만난 노인들
막걸리 한 사발에
누렇게 뜬 오랜 이야기들
묵사발에 숟가락 부딪치며

지난 세월의 한 가운데를
휘적휘적 팔 저으며 걸어간다.

덤

오래 때 묻히며
함께 지내 온 것들 오늘 보냈다
티브이 · 세탁기 · 정수기 · 짤순이
저들과의 만남은 행복했었다.

아이들 길러주던 세탁기
화병에 속 타던 어머니 속 가라앉혀 주던 정수기
티브이 때문에 공부 안 된다며
지르는 소리가 담장을 넘는다고

더 큰 소리 내던 남편
가난한 셋방살이 싸고 푼 이삿짐
아끼고 아끼던 녀석들 오늘 보낸다
매연만 길게 남기고 짐차는 떠났다

티브이는 덤이라며 쥐여주고 간
구겨진 천 원짜리 몇 장
오래 들여다본다.

다듬이 소리

층층시하 많은 식솔
다듬고 꿰매든 어머니 가슴
벙어리 수십 년 한 풀어내던 소리

삭이지 못한 응어리 가슴에 남았는데
반들대던 다듬잇돌
툇마루 구석에서 절로 늙는다

울 넘어 들리던 다듬이 장단
이젠 멀리멀리
어머니 따라간 다듬이소리.

2012년의 겨울

인력시장은 언제나 추웠다
담배 연기 자욱한 인력사무실

문틈을 비집고 몰려드는 바람에
오래된 해수병은 자지러질 듯 기침을 토하고
더러는 연신 밖을 내다보지만
팔려 갈 곳은 기척이 없다

장바닥 한 귀퉁이
시래기나물 몇 무더기 놓고
졸고 앉은 할머니
가끔 꿈을 고쳐 꾸며
일그러지는 얼굴

한껏 오른 사료값에
몇만 원밖에 안 한다는 송아지값

상구 아베는 연신 담배를 피워대며
적막 속에 한숨을 풀어 놓는다

시린 겨울이 가고 있다.

종착역

기적을 울리며 달려오는 기차
짧은 순간 굳은 바위처럼 나 서 있다

환승역에 내리는 푸른 잎새들
역무원의 깃발이 올려지고

풀죽은 억새꽃 고단한 여행을 마치고
보퉁이 속 서러운 사연을 안고
종착역을 향해 달려가고 있다

나의 종착역은 어디쯤일까
찬 바람 부는 역전에서
홀로 남겨진 그림자만 데리고
나 제자리 맴돌고 있다.

박돈녀 시집

꽃도 슬플 때가 있다

초판 인쇄일 2022년 12월 2일
초판 발행일 2022년 12월 8일

　　　지은이 박돈녀

　　　펴낸이 양상구
　　웹디자인 김초롱
　　　펴낸곳 도서출판 채운재
　　　주소 우) 01314 서울시 도봉구 시루봉로 15라길 38-39 301호
　　　전화 02-704-3301
　　　팩스 02-2268-3910
　　H · P 010-5466-3911
　　E-mai ysg8527@naver.com

　　　정가 12,000원
　　　ISBN 979-11-92109-25-1(03810)

@박돈녀 2022
* 이 책은 저작권법에 따라 보호받는 저작물이므로 무단전재와 무단복제를 금지하며 이 책의 내용 전부 또는 일부를 이용하려면 반드시 저작권자와 도서출판 채운재의 동의를 받아야 합니다
* 파손 및 잘못된 책은 구입처에서 교환해 드립니다